ÉTUDE

SUR

SAINT VINCENT DE PAUL

PAR

LOUIS VEUILLOT

~~~~~~~~~

PARIS

JULIEN, LANIER ET Cᵉ, ÉDITEURS

RUE DE BUCI, 4, F. S.-G.

Imprimeurs-Libraires au Mans

1854

~~~~~~~~~

ÉTUDE

SUR

SAINT VINCENT DE PAUL

ÉTUDE

SUR

SAINT VINCENT DE PAUL

PAR

LOUIS VEUILLOT

PARIS

JULIEN, LANIER ET C°, ÉDITEURS

RUE DE BUCI, 4, F. S.-G.

Imprimeurs-Libraires au Mans

1854

1853

ÉTUDE

SUR

SAINT VINCENT DE PAUL.

Les antiennes que l'on chante aux premières vêpres de saint Vincent de Paul sont le portrait et l'éloge le plus exact que l'on puisse faire de ce héros de la charité.

1. Les indigents et les pauvres cherchent de l'eau et n'en trouvent pas ; moi, dit le Seigneur, je les exaucerai ; moi, le Dieu d'Israël, je ne les délaisserai pas.

2. Je susciterai un prêtre fidèle, qui agira suivant mon cœur et suivant mes désirs.

3. Ses lèvres seront les dépositaires de la science, et les peuples attendront de sa bouche la connaissance de la loi, parce qu'il est l'ange du Seigneur des armées.

4. Je lui élèverai une maison stable ; et il marchera tous les jours devant mon Christ.

5. J'enivrerai et j'engraisserai l'âme des prêtres, et mon peuple sera comblé de mes biens.

Voilà le secret de cette étonnante vertu, de cette

merveilleuse destinée, de ces œuvres incomparables par lesquelles Vincent de Paul triomphe et triomphera toujours de l'instinctive aversion que le monde nourrit contre ce titre de *saint* qui condamne l'esprit du monde. Bon gré mal gré, saint Vincent de Paul prend place dans les apothéoses dont les hommes prétendent honorer tous ceux qui leur paraissent, à tort ou à raison, avoir mérité la reconnaissance et la vénération des hommes. Il est indispensable et inévitable. Il faut le mettre au premier rang, il faut le nommer par son nom de saint, il faut le peindre avec son habit de prêtre dès qu'il est question de rendre hommage à la bonté, au dévouement, à l'amour du prochain, au sacrifice de soi-même. Et ce nom de saint et cet habit de prêtre font rentrer tout le reste dans l'ombre, sinon dans le ridicule. Quelles actions, quelles vertus humaines peuvent soutenir ce voisinage? Voilà le Saint, tout est dit : aussitôt l'intelligence la plus bornée se fait quelque mesure de l'abîme qui existe entre la bienfaisance et la charité, entre l'homme de bien et l'homme de Dieu. Sous le Directoire, les directeurs du Musée trouvèrent dans leurs magasins une statue de saint Vincent de Paul que les iconoclastes de 93 n'avaient pas osé détruire : ils eurent l'idée de la remettre au jour dans une galerie des *hommes utiles*, avec ces mots sur le piédestal : Vincent de Paul, *philanthrope français.* On les avertit de retirer leur inscription, qui devenait séditieuse à force de sottise. Saint Vincent de Paul philanthrope! Il est né pour la confusion éternelle de ces masques ou de ces niais qui prétendent servir l'humanité de leur propre fonds, par un seul mouvement de leur bonne nature, sans prier Dieu, sans le connaître, sans se donner à lui dans la foi, dans l'abnégation, dans la souffrance. Vincent de Paul a aimé les hommes parce qu'il a connu et aimé Dieu et voulu uniquement le servir. Il a été « un prêtre fidèle, » suscité de Dieu, «un ange du Seigneur,» comme dit l'Eglise, empruntant les traits de l'Ecriture; et c'est parce qu'il a eu ces grands et divins caractères qu'il a fait de grandes et divines choses, dont la plupart des hommes ne connaissent qu'une partie, et la moindre partie.

Sa vie n'a pas encore été écrite. Abelly, évêque de Rodez, son contemporain, a recueilli des mémoires que l'on s'est depuis contenté de reproduire ou d'abréger. Ils sont exacts et précieux, mais il faudrait aujourd'hui les compléter et les éclairer par l'histoire des hommes et des choses auxquels le Saint a été mêlé; et c'est tout ce qu'il y a de plus important dans la première moitié du xviie siècle, où Vincent de Paul a rempli un rôle immense. Par cette longue conspiration des livres contre la vérité,

qui trouva jusque dans l'Eglise d'involontaires com-
plices, un vaste et beau côté de l'histoire nationale
est encore caché à presque tous les yeux. La politique, les lettres, l'intrigue n'ont pas produit de
petit personnage dont nous ne connaissions dans le
moindre détail les moindres aventures. On ne sait
rien ou presque rien de tant de bons et mâles esprits
voués à Dieu, qui ont exercé par la science, par la
foi et par la charité une influence prépondérante
sur la marche de la civilisation. Autour de saint
Vincent de Paul se groupent les Bérulle, les Condren,
les Bourdoise, les Olier, les Alain de Solminiac, et
vingt autres dignes de mémoire, dont les noms ne
sont jamais prononcés; prêtres, laïques, femmes
admirables, qui luttèrent héroïquement pour tirer
la France de l'abîme d'irréligion et de désordre où
l'avaient plongée les guerres civiles, qui réussi-
rent dans cette entreprise sublime et qui préparè-
rent ainsi les incomparables splendeurs du grand
règne. Là sont les origines du siècle de Louis XIV.
Les Oratoriens furent fondés, les séminaires prirent
naissance, le clergé séculier et régulier se réforma,
les plus grandes et les plus belles œuvres pour l'instruction religieuse du peuple et l'assistance des pauvres s'organisèrent sur une base indestructible; l'u-
nité de croyance, fatalement brisée, eût été rétablie
si les hommes d'État l'avaient voulu; le niveau de

la moralité publique s'éleva partout, et la France, tranquille au dedans, grande et glorieuse au dehors, inaugura cette pacifique croisade des missions étrangères qu'elle a depuis toujours continuée, seule primauté qui lui reste aujourd'hui, de tant de primautés qui la décoraient alors.

C'est là ce que l'on verra dans l'histoire de saint Vincent de Paul, lorsque Dieu permettra qu'une main chrétienne fasse ce beau présent à l'Eglise et à la société. L'homme apostolique envoyé de Dieu pour faire couler la source des eaux vives, pour engraisser l'âme des prêtres, pour distribuer aux pauvres le pain de l'âme et le pain du corps, Saint Vincent de Paul a été ou le moteur ou l'un des principaux et des plus utiles agents de la renaissance religieuse et sociale de la France au dix-septième siècle. La gloire des institutions de charité, celle des missions à l'intérieur lui appartiennent en propre; il a une part principale dans la réforme du clergé séculier, œuvre par excellence. Pour le reste, on trouve partout sa main, son conseil, son exemple. Personne n'a travaillé avec plus de succès à la réunion des protestants, avec plus de zèle à la défaite du jansénisme; personne de son temps n'a fait davantage pour la société, parce que personne n'y a davantage répandu la bonne odeur de Jésus-Christ.

1.

Obligé de nous borner dans un sujet si étendu , nous nous contenterons d'indiquer ce que le Saint a fait et de montrer comment seul un saint le pouvait faire.

I.

Vincent de Paul naquit en 1576 , dans un village des Landes, le troisième enfant d'un ménage de pauvres villageois. Jusqu'à douze ans il garda les troupeaux de son père, nourri par la pauvreté, qu'il devait nourrir à son tour.

> Te complexa sinu præsidium sibi
> Nutrix pauperies parat (1).

Remarquant ses dispositions pour l'étude, son père le mit chez les Cordeliers d'Acqs , qui l'élevèrent moyennant soixante livres par an. Ses maîtres le rendirent bientôt capable de donner des leçons, et le placèrent comme précepteur chez un M. de Commet , dont la reconnaissance chrétienne doit garder le nom, car il fut le protecteur de Vincent et le décida à entrer dans l'état ecclésiastique. A vingt ans , avec le prix d'une paire de bœufs que son père avait vendue, Vincent alla faire sa théologie à Tou-

(1) Bréviaire parisien.

louse. A vingt-quatre ans, il fut ordonné prêtre; à vingt-huit, il fut reçu bachelier, donnant toujours des leçons pour vivre, et déjà estimé et chéri de tous ceux qui le connaissaient.

Jusque-là, il avait seul travaillé à son éducation; Dieu commença d'y mettre la main, en lui faisant faire, pour ainsi dire, le tour des misères humaines. Revenant par mer de Marseille à Narbonne, il tomba aux mains des corsaires barbaresques, attirés dans ces parages par la célèbre foire de Beaucaire, et fut emmené esclave à Tunis, sans espoir de pouvoir jamais se racheter, mais assuré que la sainte Vierge le délivrerait. De quel regard saint Louis, triomphant au ciel, dut contempler ce pauvre esclave, réservé à répandre tant de bienfaits dans sa France bien-aimée et à rallumer dans Tunis même les flambeaux du saint sacrifice, éteints depuis quatre siècles sur son cercueil!

Vincent eut successivement trois maîtres : un pêcheur, qui le revendit parce qu'il ne valait rien à la mer; un vieux médecin « souverain tireur de quintessences, homme fort humain et charitable, lequel avait travaillé l'espace de cinquante ans à la recherche de la pierre philosophale; » d'ailleurs fort attaché à sa loi, et qui promettait à son esclave force richesses et tout son savoir s'il voulait se faire musulman; enfin, un renégat italien, « ennemi de nature. » Vincent convertit ce dernier, et ils s'échappèrent ensemble. Il a donné lui-même ces détails dans une lettre remarquable par la grâce naïve du style, qu'il écrivit après sa délivrance à M. de Commet :

« L'une des trois femmes du renégat était Grec-
« que chrétienne, mais schismatique ; une autre
« était Turque, qui servit d'instrument à l'immense
« miséricorde de Dieu pour retirer son mari de
« l'apostasie et le remettre au giron de l'Eglise, et
« me retirer de mon esclavage. Curieuse qu'elle
« était de savoir notre façon de vivre, elle me venait
« voir tous les jours aux champs où je fossoyais, et
« un jour elle me commanda de chanter les louanges
« de mon Dieu. Le ressouvenir du *Quomodo canta-*
« *bimus in terra aliena* des enfants d'Israël captifs
« en Babylone, me fit commencer, la larme à l'œil,
« le psaume *Super flumina Babylonis*, et puis le
« *Salve Regina*, et plusieurs autres choses, en quoi
« elle prenait tant de plaisir que c'était merveille :
« elle ne manqua pas de dire à son mari, le soir,
« qu'il avait eu tort de quitter sa religion, qu'elle
« estimait extrêmement bonne, pour un récit que
« je lui avais fait de notre Dieu et quelques louanges
« que j'avais chantées en sa présence : en quoi elle
« disait avoir ressenti un tel plaisir qu'elle ne
« croyait point que le paradis de ses pères, et celui
« qu'elle espérait fût si glorieux, ni accompagné de

« tant de joie que le contentement qu'elle avait res-
« senti pendant que je louais mon Dieu ; concluant
« qu'il y avait en cela quelque merveille. Cette
« femme, comme un autre Caïphe ou comme
« l'ânesse de Balaam, fit tant par ses discours que
« son mari me dit le lendemain qu'il ne tenait qu'à
« une commodité que nous ne nous sauvassions en
« France ; mais qu'il y donnerait tel remède que,
« dans peu de jours, Dieu en serait loué. Ce peu de
« jours dura dix mois, qu'il m'entretint en cette
« espérance, au bout desquels nous nous sauvâmes
« avec un petit esquif et nous nous rendîmes à
« Aigues-Mortes, et bientôt après en Avignon, où
« M. le Vice-Legat reçut publiquement le renégat
« avec la larme à l'œil et le sanglot au cœur, dans
« l'église de Saint-Pierre, à l'honneur de Dieu et
« édification des assistants. Mondit Seigneur nous
« a retenus tous deux pour nous emmener à Rome,
« où il s'en va. Il a promis au pénitent de le faire
« entrer à l'austère couvent des *Fate ben Fratelli*,
« où il s'est voué (1). » Cette relation si modeste, est
tout ce que l'on a su par Vincent de sa captivité de
deux ans chez les Barbaresques.

(1) « Telles sont les paroles de M. Vincent lui-même dans la
lettre qu'il écrivit étant à Avignon (le 24 juillet 1607) et qui fut
trouvée par hasard entre plusieurs autres papiers par un gentilhomme d'Acqs, neveu de M. de Saint-Martin, chanoine, en

Par une coïncidence curieuse, au moment que Vincent de Paul racontait ainsi son esclavage et sa délivrance, un Espagnol, soldat de Lépante, qui avait été, lui aussi, esclave des Barbaresques, rappelait cette circonstance de sa vie dans un livre célèbre (1) et le faisait d'un autre style. Assurément Miguel Cervantès Saavedra fut un des grands

l'année 1658, cinquante ans après qu'elle a été écrite : il la mit entre les mains dudit sieur de Saint-Martin son oncle, lequel en envoya une copie à M. Vincent; deux ans avant sa mort, estimant qu'il serait consolé de lire ses anciennes aventures et de se voir jeune en sa vieillesse; mais l'ayant lue, il la mit au feu, et bientôt après, remerciant M. de Saint-Martin de lui avoir envoyé cette copie, il le pria de lui envoyer aussi l'original, et il lui en fit encore de très-grandes instances par une lettre qu'il lui écrivit six mois avant sa mort. Celui qui écrivait sous lui, se doutant que cette lettre contenait quelque chose à la louange de M. Vincent, et qu'il ne la demandait que pour la brûler comme il avait brûlé la copie, fit couler un billet dans la lettre à M. de Saint-Martin, pour le prier d'adresser cet original à quelque autre qu'à M. Vincent, s'il ne voulait pas qu'il fût perdu. Et c'est par ce moyen que cette lettre a été conservée, en sorte que M. Vincent n'en a rien su avant sa mort; et sans ce pieux artifice, il est certain qu'on n'eût jamais rien su de ce qui s'était passé en cet esclavage : car cet humble serviteur de Dieu faisait toujours ses efforts pour cacher aux hommes les grâces qu'il recevait de Dieu et tout ce qu'il faisait pour sa gloire et pour son service. » ABELLY, l. I, c. IV.

(1) « Un soldat espagnol, nommé Saavedra, trouva moyen d'adoucir l'humeur barbare du dey Hassan-Aga, et, quoiqu'il

esprits qu'on ait vus en ce monde. Cependant il n'a rapporté de sa captivité qu'un souvenir orgueilleux de son courage et quelques traits d'aventures galantes pour amuser les oisifs ; et son livre n'est après tout qu'une satire du dévouement, une raillerie cruelle de la plus pardonnable sinon de la plus estimable des folies humaines. Il se moqua parfaitement des romans de chevalerie, et s'appliqua de toutes les forces de son génie à composer des pastorales aussi invraisemblables et aussi ridicules dans leur genre que les aventures des Amadis et des Lancelot. Il vécut chagrin, il mourut jaloux, sans que sa gloire littéraire pût le consoler d'être pauvre et d'avoir des rivaux. Nous verrons le Saint se souvenir dans sa liberté de ceux dont il avait partagé les fers, et créer pour les secourir une autre chevalerie errante, une folie du sacrifice et du dévouement qui après deux siècles subsiste encore et n'est pas près de finir.

bût tenté toutes choses imaginables pour se sauver, jusqu'à en faire de si prodigieuses que les Turcs en parlent incessamment, jamais Hassan ne le fit battre ni ne lui en dit la moindre parole. Pour nous, nous étions dans des frayeurs continuelles qu'il ne le fît empaler, et il le craignit plus d'une fois lui-même. Si je n'appréhendais d'être trop long, je vous raconterais quelques tours de ce Saavedra, que je suis assuré qui vous divertiraient. » Don Quichotte, l. IV, *Hist. de l'Esclave.*

II.

Vincent revint de Rome au commencement de 1609, avec une mission confidentielle pour Henri IV. Il n'en profita point pour demeurer à la Cour. Ce fut alors qu'il connut les fondateurs de l'Oratoire, dans la compagnie desquels il demeura quelque temps, non avec le dessein de s'engager chez eux, mais pour étudier sa vocation. Elle lui fut indiquée par l'état lamentable de la situation religieuse, qu'il put étudier de près. Sa vocation était de s'employer à tout, parce que l'Eglise souffrait partout, dans les peuples et dans les prêtres. La guerre du protestantisme avait fait des ravages qu'il ne semblait pas possible de réparer. Peu d'années auparavant, il s'était trouvé jusqu'à vingt-huit diocèses sans évêques, et trente-cinq où l'administration des sacrements avait cessé. Les protestants avaient pillé, saccagé, incendié cent cinquante cathédrales et abbayes, plus un nombre considérable d'églises de paroisses ou de couvents : trois cents rien qu'en Beauce, cinq cents dans les seuls diocèses d'Uzès, de Viviers, de Nîmes et de Mende. Des désordres plus redoutables étaient venus à la suite de ceux-là. Dans la plupart des diocèses, les études avaient été

abandonnées, la discipline s'était relâchée ou avait
tout à fait disparu. « Ce qui affligeait le plus le
« cœur de l'homme de Dieu, c'était de voir la déso-
« lation où étaient toutes les paroisses voisines de
« la capitale, par la dissipation et la négligence des
« pasteurs de la campagne. Mal déplorable, qui
« laisse les peuples croupir dans l'oubli de Dieu,
« dans les jurements, dans les blasphèmes, dans les
« rapines, dans les usures et dans tous les autres
« déréglements où se livrent des âmes abandonnées...
« Hélas ! on ne voyait presque plus que des églises
« ruinées et des autels renversés ; et les pasteurs
« qui devaient être à la garde de leurs troupeaux
« n'étaient plus, pour la plupart, que des sentinelles
« endormies, muettes ou vagabondes ; et voilà la
« véritable source du mal. Une armée ennemie est
« un torrent qui passe, mais un mauvais pasteur
« est un torrent qui s'arrête, et dont les eaux crou-
« pies pourrissent la terre et les fruits qu'il ne fallait
« qu'arroser (1).

Comment mettre la main à un pareil mal? Tout
semblait impossible, sauf une chose, plus impossible aux saints que toute chose en ce monde, qui
est de se décourager dans le service de Dieu. Le
P. de Bérulle, directeur de Vincent, voulut qu'il ac-

____

(1) Mongin, évêq. de Bazas, Œuvres, 1745.

ceptât une de ces laborieuses cures des environs de
Paris, dont l'aspect le frappait d'une sorte d'épou-
vante. Il obéit et devint curé de Clichy, non sans
répugnance. En peu de temps il y fit voir et il ap-
prit lui-même tout ce que peut un prêtre véritablement enflammé du zèle de la maison de Dieu. Il
rebâtit l'église, convertit et consola son peuple, et
sut bientôt trouver parmi les curés voisins des amis
et des imitateurs. Cette œuvre ainsi commencée et
n'ayant plus besoin que d'être suivie, il la laissa pour
en prendre une autre, encore plus contraire à ses
goûts. Obéissant de nouveau à la volonté du R. P. de
Bérulle, il entra (1613 environ) dans la maison
d'Emmanuel de Gondy, comte de Joigny, général
des galères, pour y diriger l'éducation des enfants.

Ce n'était pas alors un emploi de médiocre
importance d'élever des grands seigneurs, maîtres d'un nombre considérable de vassaux sur
lesquels leur exemple et leur autorité exerçaient
tout empire, et qui étaient destinés à remplir
les plus hautes fonctions dans l'Eglise et dans
l'Etat.

Le dévouement de Vincent n'eut pas tout le succès qu'il aurait désiré; un de ses élèves devint le
cardinal de Retz. Néanmoins la famille de Gondy
était bonne, et par l'ascendant de sa vertu, Vin-

cent ne laissa pas d'y faire un bien immense. Ce fut là qu'il conçut l'œuvre colossale des missions dans les campagnes et qu'il commença de l'exécuter. Un paysan dangereusement malade lui déclara des péchés mortels dont il n'avait jamais osé se confesser, quoiqu'il eût la réputation d'un bon chrétien. Soulagé de ce poids et guéri, il publia lui-même sa faute. La comtesse de Joigny, femme d'une grande piété, en fut informée. Craignant pour le salut de ses vassaux, elle conjura Vincent, qui était son directeur, de les exhorter tous à faire de bonnes confessions. De là cette première mission de Folleville, au diocèse d'Amiens, qui semble un si petit fait, et qui fut en réalité un si grand événement dans l'histoire de l'Eglise, puisque l'on peut dire qu'il en naquit une congrégation religieuse. Elle s'ouvrit le 25 janvier 1617, jour de la Conversion de saint Paul, et elle donna de tels fruits de repentir, qu'il fallut appeler des prêtres pour recevoir les confessions. « Vincent de Paul l'a toujours « regardée comme la semence de ce grand nombre « d'autres missions qu'il fit ou qu'il fit faire jusqu'à « sa mort. Il en célébrait la mémoire le 25 janvier ; « il voulait que ses enfants la célébrassent comme « lui. C'est pour cette raison que la Congrégation « de la Mission célèbre encore tous les ans la fête de « de la Conversion de saint Paul, et qu'elle re

« garde ce jour comme celui où elle prit naissance.
« Il en fut en effet le principe et la source (1). »

III.

Quoique Vincent eût trouvé moyen de s'employer suivant son cœur dans la famille de Gondy,
et qu'il y fût en très-grande considération et en
très-grande liberté, ayant de plus la main à la
source des aumônes; néanmoins, la splendeur prin-
cière de cette maison fatiguait son humilité. Il y
jouissait de trop d'estime, il y était logé et servi
trop magnifiquement. Sur ces entrefaites, les chanoines de Lyon lui firent proposer, par le R. P. de
Bérulle, la cure de Châtillon-les-Dombes, qui rele-
vait de leur chapitre. Le travail était grand, les
revenus médiocres. On comptait dans le troupeau à
peu près autant de calvinistes que de catholiques,
et tous fort éloignés de vivre chrétiennement. Au
nombre des catholiques les plus négligents et les
plus scandaleux de cette paroisse, se faisaient re-
marquer les six chapelains qui la desservaient.

Vincent ne se laissa pas prier. Il s'échappa de la
maison de Gondy comme il avait fui de Tunis,
arriva à Châtillon-les-Dombes et mit courageuse-

(1) Collet, *Vie de saint Vincent de Paul.*

ment la charrue apostolique dans ce champ de pierres et d'épines. L'heureuse expérience de Clichy se renouvela. Rien ne put lui résister longtemps : les prêtres se réformèrent, les mauvais catholiques se convertirent, beaucoup de calvinistes rentrèrent dans le giron, la célébration des offices remplaça les danses et les scandales; les pauvres furent assistés par des confréries de charité qui succédèrent aux assemblées de plaisir, et qui devinrent le modèle de celles qui existent maintenant encore à peu près partout où se trouve un noyau de vrais chrétiens.

La réputation du curé de Châtillon-les-Dombes ne tarda pas à se répandre et son action à se faire sentir dans les environs. On venait de loin pour l'entendre; quand on l'avait entendu on voulait le connaître, et quand on le connaissait, on y était pris : il fallait changer de maximes et de manière de vivre. L'histoire de l'un de ceux qui furent pris de la sorte, fera entrevoir la solution d'un problème dont doivent s'inquiéter les curieux qui considèrent les œuvres de Vincent de Paul sans savoir ce que c'est qu'un saint, et qui dès là ne peuvent comprendre par quel secret cet homme si simple, et qui fut toute sa vie si pauvre, a cependant trouvé tant d'habiles gens pour le servir en toutes ses entreprises et tant d'énormes sommes à dépenser.

Il y avait donc un comte de Rougemont, seigneur de Savoie, qui s'était retiré en Bresse et qui vivait grandement en son château. Honnête homme, mais homme de cour, avec tous les travers de mœurs et d'esprit de sa condition et de son époque, duelliste autant qu'on le pouvait être. Il eut la curiosité de causer avec M. Vincent; il vint, il revint, et cela finit au bout de quelques entrevues par une confession générale.

Incontinent M. de Rougemont vendit sa terre de Rougemont plus de trente mille écus, qui passèrent partie en fondations de monastères, et le reste aux pauvres. « Il se mit dans tous les exercices les plus « héroïques de la vie chrétienne. Le château de « Chandes, où il faisoit sa demeure, étoit comme un « hospice commun pour les religieux et un hôpital « pour tous les pauvres, sains et malades, où ils « étaient assistés avec une incroyable charité, tant « pour les besoins de leurs corps que pour ceux de « leurs âmes, y entretenant des ecclésiastiques pour « leur donner toutes sortes de consolations. Il n'y « avait aucun pauvre de ses terres qu'il n'allât lui-« même visiter ou servir, ou qu'il ne fît visiter et « servir par ses domestiques lorsqu'il était obligé de « s'absenter. » C'est le P. Desmoulins, de l'Oratoire, qui a rendu ce témoignage, rapporté par Abelly. Il ajoute : « Ce bon seigneur était comme ennuyé « de posséder ce bien, quoiqu'il ne semblât en être

« que le fermier et pour le faire valoir au profit des
« pauvres. Sur quoi il me dit un jour, les larmes aux
« yeux : Que ne me laisse-t-on faire? et pourquoi
« faut-il que je sois toujours traité de seigneur et
« que je possède tant de biens? M. Vincent, qui
« le gouvernait pour lors, le tenait, disait-il, dans
« cette contrainte; que s'il me lâchait la main, je
« vous assure, mon père, que devant qu'il fût un
« mois, le comte de Rougemont ne posséderait pas
« un pouce de terre. Il s'étonnait comment un
« chrétien pouvait rien garder en propre, voyant
« le fils de Dieu si pauvre sur la terre. »

Saint Vincent de Paul a parlé de ce pénitent,
le donnant en exemple à ses missionnaires, sans
leur dire qu'il eût été pour quelque chose dans sa
conversion. Voici un passage de son discours, où il
se peint lui-même parfaitement :

J'ai connu, dit-il, un gentilhomme de Bresse nommé M. de
Rougemont, qui avait été un franc éclaircisseur et un grand
duelliste; c'était un grand homme bien fait, qui s'était trouvé
souvent aux occasions, en étant prié par d'autres gentilshommes
qui avaient des querelles, ou lui-même appelant en duel ceux
qui n'allaient pas droit avec lui. Il me l'a dit, et il n'est pas
croyable combien il a battu, blessé et tué de monde. Enfin Dieu
le toucha si efficacement qu'il rentra en lui-même, et reconnaissant l'état malheureux où il était, il résolut de changer de
vie, et Dieu lui en fit la grâce. Depuis ce changement, ayant
demeuré quelque temps en sa façon commençante et en son

progrès, il alla si avant qu'il demanda à M. l'archevêque de Lyon la permission de tenir le Saint-Sacrement en sa chapelle, pour y honorer Notre-Seigneur et mieux entretenir sa piété, qui était singulière et connue de tout le monde. Comme j'allai le voir un jour en sa maison, il me raconta les pratiques de sa dévotion, et entre les autres celle de son détachement des créatures : Je suis assuré, me disait-il, que si je ne tiens à rien du monde, je me porterai tout à Dieu ; et pour cela je regarde si l'amitié d'un tel seigneur, d'un tel parent, d'un tel voisin m'arrête ; si c'est l'amour de moi-même qui m'empêche d'aller ; si ce sont les biens ou la vanité qui m'attachent ; mes passions ou mes aises qui me retardent ; et quand je m'aperçois que quelque chose me détourne de mon souverain bien, je prie, je coupe, je brise, je me fais quitte de ce lien : ce sont là mes exercices.

Il me dit particulièrement ceci, dont je me suis souvent ressouvenu, qu'un jour allant en voyage et s'occupant de Dieu le long du chemin, à son ordinaire, il s'examina si depuis longtemps qu'il avait renoncé à tout, il lui était resté ou survenu quelque attache. Il parcourut les affaires, les alliances, la réputation, les grands et les menus amusements du cœur humain ; il tourne, il retourne ; enfin il jette les yeux sur son épée. Pourquoi la portes-tu ? se dit-il à lui-même. Quoi ! quitter cette chère épée qui t'a servi en tant d'occasions et qui après Dieu t'a tiré de mille et mille dangers ? Si on t'attaquait encore, tu serais perdu sans elle ; mais aussi, il peut arriver quelque riotte, où tu n'auras pas la force, portant une épée, de ne t'en pas servir, et tu offenseras Dieu derechef. Que ferai-je donc, mon Dieu ! que ferai-je ? Un tel instrument de ma honte et de mon péché est-il encore capable de me tenir au cœur ? Je ne trouve que cette épée seule qui m'embarrasse. Oh ! que je ne serai pas si lâche de la porter ! Et en ce moment, se trouvant vis-à-vis d'une grosse pierre, il descend de son cheval, prend cette épée et la rompt et met en pièces sur cette pierre, et puis remonte à cheval et s'en va. Il me dit que cet acte de détachement, brisant cette chaîne de fer qui le retenait captif, lui donna une liberté si grande, que bien que ce fût contre l'inclination de son cœur qui aimait cette épée, jamais plus il n'avait eu d'affection à chose périssable, et qu'il ne tenait qu'à Dieu seul.

Voilà quelles âmes Vincent de Paul savait dompter, et comment il les transformait, par l'art qu'il avait appris de Dieu, en s'immolant le premier ; voilà comment il ouvrait des sources de revenus pour les pauvres, leur ménageait des serviteurs et se donnait à lui-même des instruments fidèles et dignes de lui.

IV.

Modèle du détachement qu'il prêchait partout, et sans lequel il savait qu'on ne fait rien de solide, il se détachait même du bien que Dieu lui permettait d'accomplir, lorsqu'on lui montrait ailleurs ou plus de bien à faire, ou un autre bien à commencer. Comme il était au milieu de ses succès de Châtillon-les-Dombes, le P. de Bérulle lui fit savoir qu'il croyait que la volonté de Dieu était qu'il rentrât dans la maison de Gondy. Il y revint aussitôt, abandonnant sans regret sa moisson mûre, et se disant que ce n'était pas sans dessein que Dieu le promenait ainsi d'une position à une autre, lui faisant voir partout tant de maux dans l'Eglise et tant de misères dans l'humanité.

Il reprit ses chères missions rurales, que Dieu continuait de bénir avec une sorte de surcroît, comme pour lui montrer chaque jour davantage l'utilité de l'œuvre spéciale qu'il devait établir avec tant de sagesse et de labeur. En même temps, son patron, le comte de Joigny, étant général des galères, il eut occasion de donner ses soins aux galériens, dont il y avait un dépôt considérable à Paris. Sa charité, émue de l'abandon où vivaient ces malheureux, le porta à les servir avec une tendresse de cœur plus grande s'il se peut que celle qu'il déployait partout. Il les fit transférer dans une prison meilleure, les assista, les instruisit, leur dit que Jésus-Christ les aimait encore et ne chérissait pas moins leurs âmes qu'il n'avait chéri celle du bon larron. Les forçats n'auraient pas autrement écouté un ange. Il les rendit si souples dans sa main paternelle, que le général des galères voulut lui donner à conduire toute cette population réprouvée. Louis XIII, roi chrétien, et qui ne méprisait point les âmes, y consentit avec joie. Le 8 février 1619, Vincent de Paul fut établi aumônier-général de toutes les galères de France. A la même époque, par un choix qui l'honorait plus encore, saint

François de Sales, dont il s'était fait connaître pendant son séjour en Bresse, le nomma supérieur des religieuses de la Visitation, que sainte Chantal venait d'introduire à Paris.

De tels honneurs, les plus grands que pût recevoir sa vertu, n'enflèrent point le cœur du bon prêtre. Il les accepta comme de lourds fardeaux que Dieu lui envoyait, et ne se déchargea point pour les porter de ceux qu'il avait déjà pris lui-même. Il resta l'aumônier des pauvres malades et le missionnaire des pauvres paysans. L'histoire a gardé le souvenir de ses visites dans les bagnes, où il fit les merveilles que renouvelait récemment la Compagnie de Jésus en invoquant son nom (1); et les religieuses de la Visitation, bientôt orphelines de saint François, le regardèrent, tant qu'il vécut, comme leur meilleur guide et leur plus tendre père.

Dans ces labeurs multipliés et obscurs, Vincent de Paul avait vieilli, mêlé à toutes les misères et à toutes les grandeurs de ce monde, sans que les unes eussent endurci son cœur, sans que les autres l'eussent tenté, sans que tant de fatigues ni cette longue instabilité lui fissent désirer le repos. Il sentait que tout cela n'avait encore été que son

(1) Voyez l'intéressant petit livre intitulé : *Les Jésuites au Bagne*, par M. Léon Aubineau. Paris, Gaume frères.

école. Le moment était venu en effet où il allait s'employer aux œuvres durables pour lesquelles la Providence l'avait préparé avec tant de soin et depuis longtemps, le remplissant d'expérience, de courage, de charité ; rassemblant autour de lui, par un dessein qui devenait manifeste, les matériaux de quelque grand édifice à bâtir au profit des âmes et à la gloire de Dieu.

Vincent jouissait d'une estime universelle. Tout ce qu'il y avait à Paris et en France de bons prêtres et de gens voués au bien le connaissaient et l'aimaient ; et lui, connaissait par une longue étude et déplorait tout ce qu'il y avait dans Paris, dans la France et dans le monde de plaies matérielles et morales à guérir. Il se sentait le cœur assez vaste pour tout entreprendre, il avait assez de confiance en Dieu pour tout espérer, il était assez humble pour demander partout du secours et s'utiliser à tout. Mais, si on lui avait révélé la moitié seulement de ce qu'il allait faire avant de s'endormir dans la paix de son Sauveur et dans la magnificence de ses œuvres, il ne l'eût pas voulu croire, où il se fût affligé, pensant que Dieu, prolongeant sa vie bien au delà des limites ordinaires, lui ferait attendre plus qu'à tous les autres hommes la seule récompense pour laquelle il s'imposait de si rudes travaux.

Le plus cher et plus mûri de ses projets était de former une communauté de prêtres, à laquelle il donnait dans sa pensée trois fins principales, correspondantes aux maux de la religion et du peuple qui l'avaient principalement affligé : la première, pour que ceux qui en feraient partie travaillassent à leur propre perfection, en s'étudiant à pratiquer les vertus que Jésus-Christ a daigné nous enseigner par ses paroles et par ses exemples ; la seconde, pour prêcher l'Evangile aux pauvres, et particulièrement à ceux de la campagne, qui sont les plus délaissés ; la troisième, pour aider les ecclésiastiques à acquérir les connaissances et les vertus nécessaires à leur état. Il a écrit les dispositions qu'il réquérait des hommes à qui il proposait ce triple but :

« Quiconque veut vivre en communauté doit se
« résoudre de vivre comme un pèlerin sur la terre,
« de se faire fou pour Jésus-Christ, de changer de
« mœurs, de mortifier toutes ses passions, de cher-
« cher Dieu purement, de s'assujettir à un chacun
« comme le moindre de tous ; de se persuader qu'il
« est venu pour servir, et non pour gouverner;
« pour souffrir et travailler, et non pour vivre en
« délices et oisiveté. Il doit savoir que l'on y est
« éprouvé comme l'or en la fournaise ; qu'on ne
« peut y persévérer si l'on ne veut s'humilier pour
« Dieu, et se persuader qu'en ce faisant on aura un

« véritable contentement en ce monde et la vie éter-
« nelle en l'autre. »

Il lui fallait des hommes de sacrifices ; il en vint,
et plus peut-être qu'il n'espérait, quoiqu'il espérât
beaucoup. Par la grâce de la Croix, le sacrifice vo-
lontaire est devenu l'un des instincts du cœur de
l'homme. En France, cet instinct a toujours paru
plus puissant, plus facile à réveiller, plus agissant
qu'ailleurs. A travers des misères sans nombre, il
se montra magnifiquement dans cette première
moitié du xviie siècle, où d'abord on le voyait si
peu. Mais Vincent et d'autres l'avaient deviné et
l'avaient éprouvé. Les fureurs et les désordres de
la guerre civile, les débauches de la politique et de
la littérature avaient cependant laissé dans les âmes
un fond de croyance qui les transformait fréquem-
ment, par des retours soudains et victorieux. Dans
son ignorance et dans sa misère, le peuple restait
chrétien. La corruption des classes éclairées n'était
pas cette corruption philosophique dont nous souf-
frons aujourd'hui, et qui gâte si radicalement
les âmes, que même lorsqu'elles se convertissent
elles restent lâches, attachées à la terre, incapa-
bles de renoncement ; si bien que leur conversion
ne paraît plus qu'une spéculation sur la mort et
comme un moyen de procédure contre la justice de
Dieu. Au xviie siècle, on admirait des dévouements

héroïques, d'illustres pénitences. Ce comte de Rougemont, dont nous avons conté l'histoire, n'est
qu'un exemple entre mille, souvent plus beaux.
Bien d'autres comme lui se dépouillèrent de leurs
biens, se dépouillèrent d'eux-mêmes, se donnèrent
tout entiers à Jésus-Christ, pour le servir dans la
personne des pauvres. Comme ces gentilshommes
qui vendaient leur terre patrimoniale et brisaient
leur épée, de nobles dames en grand nombre,
jeunes, bien nées et riches, abandonnaient le
monde, rejetaient leurs parures, et dans leurs
belles mains apportaient leur fortune et s'offraient
pour devenir servantes des pauvres, faisant vœu
d'obéissance au pauvre prêtre Vincent, qui au début
de sa vie avait gardé les pourceaux ! C'était le
regain de la forte foi du moyen âge : les saints le
moissonnèrent et la France en a vécu deux siècles ;
elle en vit encore.

Dans cette moisson, Vincent fut le plus humble
et le plus laborieux ouvrier, il eut la plus large et
la plus durable part. Sa communauté, formée en
1625, fut érigée en congrégation de la Mission sept
ans après, par une bulle d'Urbain VIII. La charité
en avait fait les premiers frais, elle en fut la nour-
rice et la patronne abondante. Avec un fonds fourni
par la généreuse reconnaissance des Gondy, Vincent
avait pu s'établir d'abord au collége des Bons-En-

fants. Un acte de piété des chanoines de Saint-Victor le mit plus tard en possession du vaste établissement de Saint-Lazare et des biens qui en dépendaient.

Beaucoup de lecteurs en ce temps-ci, même chrétiens, ne savent pas assez ce que c'est qu'une congrégation religieuse. Pour le bien expliquer, il faudrait faire l'histoire tout entière d'une congrégation, et ce serait l'histoire de plusieurs siècles et de plusieurs peuples. Une congrégation fondée par un homme comme saint Vincent de Paul, comme saint Ignace, c'est cet homme, c'est ce saint lui-même, mais immortel, mais investi d'une puissance qui lui permet d'aller partout en même temps, d'agir et de rester en même temps partout. Au bout de quelques années, la Congrégation de la Mission était établie sur plusieurs points de la France, dans plusieurs pays de l'Europe et jusqu'au delà des mers : les enfants de saint Vincent travaillaient en Italie, en Pologne, en Irlande, en Ecosse, chez les Barbaresques, à Madagascar ; ou plutôt saint Vincent y travaillait en personne ; car l'esprit et le cœur de ses missionnaires étaient partout son esprit et son cœur. Chacun de ces hommes qu'il avait choisis et formés était son imitateur fidèle et lui obéissait comme il obéissait lui-même à Jésus-Christ, au mépris de toutes les fatigues de toutes les souffrances, au mépris de la mort. Le fruit de ce travail était partout tel qu'il l'avait voulu : la sanctification des ouvriers d'abord, ensuite la sanctification et la consolation des pauvres, enfin l'exemple et la sanctification du clergé, qui recevait des envoyés de Vincent les leçons et les secours dont il avait besoin et qui se réchauffait à l'ardeur de leur zèle.

VI.

Dans toutes ces missions, le travail était immense; dans toutes le péril était grand. Ici, il fallait affronter la guerre; là, les persécutions et les avanies; ailleurs la peste, l'excès des privations et des fatigues; dans les moins rudes, le climat. L'esprit et le cœur de Vincent soutenaient tout, résistaient à tout. A mesure que le champ de la mission s'étendait davantage et que la mort peuplait, comme il disait, sa petite communauté du ciel, les novices se présentaient plus nombreux à Saint-Lazare. *Pro patribus tuis nati sunt tibi filii* (1). La charité pourvoyait aux dépenses d'hommes comme aux dépenses d'argent. Celles-ci étaient effrayantes. Tous les

______

(1) *Ps.* 4. v. 17.

malheureux de Paris savaient le chemin de Saint-Lazare. Un jour, il y vint une nation.

On sait dans quelle désolation inexprimable la Lorraine se trouva plongée par ces guerres qui furent une des hontes, ou pour mieux dire un des forfaits de la politique de Richelieu. Vincent adopta ce malheureux peuple qui mourait de faim. Il lui envoya des missionnaires, et il y ajouta des aumônes qui ne s'élevèrent pas à moins de seize cent mille livres, somme énorme pour le temps, sans compter une immense quantité de vêtements et d'outils.

Pendant la Fronde, il fit la même chose pour la Picardie et la Champagne, réduites au même état par les jeux des princes et des parlementaires. Cette guerre civile, qui paraît comme un amusement dans les mémoires où les frondeurs ont eux-mêmes raconté leurs prouesses, mettait tout à feu et à sang. Les soldats de la Fronde ne laissaient rien à envier aux bandes étrangères qui avaient dévasté la Lorraine. Ils tuaient les hommes, ruinaient les maisons, saccageaient les églises, et laissaient en se retirant les vivants sans pain et les morts sans sépulture. La famine et la peste moissonnaient où ils avaient passé.

Les secours que la France réclamait n'empêchaient point Vincent de songer aux souffrances des chrétiens dans les pays barbaresques. Ses envoyés, dont plusieurs souffrirent eux-mêmes la prison et la torture et perdirent la vie, établirent le culte religieux dans les bagnes, y administrèrent les sacrements, et rachetèrent à Tunis, à Alger, à Bisserte, environ douze cents esclaves, qui coûtèrent plus de douze cent mille livres.

A Paris, quel malheureux s'était jamais inutilement montré à lui, et quelle infortune cachée ne savait-il pas découvrir? En même temps, il recevait dans la vaste maison de Saint-Lazare, avec la plus large, on pourrait presque dire avec la plus téméraire hospitalité, quiconque voulait s'y retirer pour penser à Dieu; non-seulement les ordinands, mais les prêtres; non-seulement les prêtres, mais les laïques. Depuis 1635 jusqu'à sa mort, il a reçu ainsi plus de vingt mille personnes, c'est-à-dire environ huit cents par année. Fasse qui pourra le compte des âmes raffermies, consolées, sauvées par ce double torrent d'aumônes spirituelles et matérielles qui coula soixante ans de ses mains et de son cœur!

« O Monsieur, lui écrivait un de ses missionnai-« res de Lorraine, que d'âmes vont en paradis par « la pauvreté! Depuis que je suis ici, j'ai assisté « plus de mille pauvres à la mort, qui paraissaient « tous y être parfaitement bien disposés. »

De telles lettres étaient la meilleure récompense qu'il pût recevoir ici-bas. Nous connaissons les pensées qui l'animaient, lorsqu'il nourrissait ainsi des multitudes. Un jour, au sortir de l'oraison du matin, il prit la parole au milieu de ses prêtres, et leur ouvrit son cœur avec cette éloquence naïve et forte, qui obtenait tout ce qu'elle voulait. Ce discours est est de 1652, pendant la Fronde. Vincent de Paul avait alors 77 ans.

Je renouvelle la recommandation que j'ai tant de fois faite, et que l'on ne saurait assez faire, de prier Dieu pour la paix, afin qu'il lui plaise de réunir les cœurs des princes chrétiens. Hélas! nous voyons la guerre de tous côtés et en tous lieux : guerre en France, guerre en Espagne, en Italie, en Allemagne, en Suède, en Pologne, attaquée par trois endroits; en Hibernie, dont les pauvres habitants sont transportés de leurs pays en des lieux stériles, en des montagnes et des rochers presque inaccessibles et inhabitables; l'Écosse n'est guère mieux; pour l'Angleterre, on sait l'état déplorable où elle est. Guerre enfin par tous les royaumes, misère partout. En France, tant de personnes qui sont dans la souffrance. O Sauveur! ô Sauveur! combien y en a-t-il? Si pour quatre mois que nous avons eu la guerre, nous avons vu tant de misères au cœur de la France, où les vivres abondent de toutes parts, que peuvent faire ces pauvres gens des frontières qui sont exposés à tous les fléaux depuis vingt ans! S'ils ont semé, ils ne savent s'ils pourront recueillir : les armées viennent qui moissonnent, pillent et enlèvent tout; et ce que le soldat n'a pas pris, les sergents le prennent et l'emportent. Après cela, que faire? Il faut mourir. S'il y a de vraies vertus, c'est particulièrement parmi ces pauvres gens qu'elles se trouvent.

Ils ont une foi vive ; ils croient simplement ; ils sont soumis aux ordres de Dieu ; ils ont patience dans l'extrémité de leurs maux ; ils souffrent tout ce qu'il plaît à Dieu, et autant qu'il plaît à Dieu, tantôt par les violences de la guerre, et puis par l'âpreté du travail ; ils sont tous les jours dans les fatigues, exposés tantôt aux ardeurs du soleil, tantôt aux autres injures de l'air. Ces pauvres laboureurs, qui ne vivent qu'à la sueur de leurs fronts, nous donnent leurs travaux, et ils s'attendent aussi qu'au moins nous prierons Dieu pour eux. Hélas ! mes frères, tandis qu'ils se fatiguent ainsi pour nous nourrir, nous cherchons l'ombre et nous prenons notre repos ! Dans les missions mêmes où nous travaillons, nous sommes au moins à l'abri dans les églises, et non pas exposés aux vents, aux pluies et aux rigueurs des saisons. Certes, vivant ainsi de la sueur de ces pauvres gens et du patrimoine de Jésus-Christ, nous devrions toujours penser, quand nous allons au réfectoire, si nous avons bien gagné la nourriture que nous y allons prendre. Pour moi, j'ai souvent cette pensée qui me donne de la confusion, et je me dis à moi-même : *Misérable, as-tu gagné le pain que tu vas manger, le pain qui te vient du travail des pauvres ?* Au moins, mes frères, si nous ne le gagnons pas comme ils le font, prions Dieu pour eux, et qu'il ne se passe aucun jour que nous ne les offrions à Notre-Seigneur, afin qu'il lui plaise leur donner la grâce de faire un bon usage de leurs souffrances. Nous disions ces jours derniers que Dieu s'attend particulièrement aux prêtres pour arrêter le cours de son indignation. Peut-être que ces pauvres ne souffriraient pas s'ils avaient été instruits et si on avait travaillé à leur conversion. Il faut que nous levions continuellement les mains au ciel pour eux. S'ils souffrent pour leurs péchés et pour leurs ignorances, nous devons être leurs intercesseurs envers la divine miséricorde, et la charité nous oblige de leur tendre les mains ; et si nous ne nous employons pas, même aux dépens de nos vies, pour les instruire et pour les aider à se convertir parfaitement à Dieu, nous sommes en quelque façon les causes de tous les maux qu'ils endurent (1).

Mais si les pauvres paysans paraissaient davantage attendrir son cœur, il n'oubliait et n'abandonnait personne, et ne se lassait jamais d'une infortune qui durait trop longtemps. La noblesse ruinée ne lui dut pas moins que les cultivateurs. Une quantité de filles nobles étaient en danger de se perdre par l'excès du besoin, il les recueillit et leur trouva des emplois honorables. Il nourrit pendant de longues années les émigrés lorrains qui étaient venus chercher un asyle à Paris, et qui n'y auraient sans lui trouvé que la mort. Il établit pour eux spécialement une société de laïques charitables dont il donna la direction au baron de Renty, et qui a de nos jours fourni le modèle de ces Conférences de Saint-Vincent-de-Paul, devenues en peu de temps si nombreuses et si populaires qu'il n'y a point d'éloges pour elles plus grand que leur nom.

VII.

En 1634, le 25 mars, Mme Le Gras, une des saintes

(1) ABELLY, l. I, c. XLIII.

femmes que dirigeait Vincent de Paul, et trois ou quatre filles chrétiennes qui vivaient chez elle, firent vœu entre les mains du Saint « de servir les pauvres, comme elles avaient déjà commencé, tout le reste de leur vie. » Ce fut la Congrégation des Sœurs de la Charité, qui remplirent bientôt la France, que la Révolution supprima, et qui remplissent aujourd'hui la France et le monde. Par l'institution des Sœurs de la Charité, saint Vincent a préparé la secourable merveille de l'apostolat des femmes, qui est devenu dans le siècle où nous sommes l'une des plus précieuses forces de la religion. Cette création toute nouvelle, et qui parut téméraire à beaucoup de bons esprits, témoigne de la profonde connaissance que Vincent de Paul avait du cœur humain, et des merveilles que l'on en peut attendre lorsque l'on sait y cultiver l'amour de Dieu. Mais cette science suprême et sublime, il la possédait parfaitement. On lui disait que les Sœurs de Charité courraient plus de périls que toutes les religieuses qu'on avait vues jusqu'alors. Il répondit que, s'il le fallait, elles auraient plus de vertus ; et il leur donna des règlements dont les prescriptions, aussi admirablement observées qu'admirablement sages, ont produit les miracles dont le monde entier, depuis deux siècles, est le reconnaissant témoin. Quel livre de profonde et consolante philosophie on pourrait faire en rassemblant, avec un court commentaire historique, les règles données par les saints aux ordres et congrégations qu'ils ont fondés ! C'est là que l'on verrait d'un seul tableau tout ce qu'il y a, moyennant la grâce de Dieu, de sagesse et de majesté dans l'homme. Ces documents de la véritable grandeur humaine étant en général peu connus, nous ferons une chose utile et agréable au lecteur en rapportant quelque chose du règlement donné par saint Vincent de Paul aux Filles de la Charité.

Elles considèreront qu'encore qu'elles ne soient pas dans une religion, cet état n'étant pas convenable aux emplois de leur vocation, néanmoins parce qu'elles sont beaucoup plus exposées que les religieuses cloîtrées et grillées, n'ayant pour monastère que les maisons des malades ; pour cellule, quelque pauvre chambre, et bien souvent de louage ; pour chapelle, l'église paroissiale ; pour cloître, les rues de la ville ; pour clôture, l'obéissance ; pour grille, la crainte de Dieu ; et pour voile, la sainte modestie : pour toutes ces considérations, elles doivent avoir autant ou plus de vertu que si elles étaient professes dans un ordre religieux. C'est pourquoi elles tâcheront de se comporter en tous ces lieux-là du moins avec autant de retenue, de recollection et d'édification que font les vraies religieuses dans leurs monastères. Et pour obtenir de Dieu cette grâce, elles doivent s'étudier à l'acquisition de toutes les vertus qui leur seront recommandées par leurs règles et particulièrement d'une profonde humilité, d'une parfaite obéissance et d'un grand détachement des créatures ; et surtout elles useront de toutes les précautions possibles pour conserver parfaitement la chasteté du corps et du cœur.

Elles penseront souvent à la fin principale pour laquelle Dieu a voulu qu'elles fussent envoyées en la paroisse où elles se trouvent, qui est de servir les pauvres malades, non-seulement corporellement, en leur administrant la nourriture et les médicaments, mais encore spirituellement, en procurant qu'ils reçoivent de bonne heure les sacrements. En sorte que tous ceux qui tendront à la mort partent de ce monde en bon état, et que ceux qui guériront fassent une bonne résolution de bien vivre à l'avenir. Et, pour mieux leur procurer ce secours spirituel, elles y contribueront autant que leur petit pouvoir et le peu de temps qu'elles ont pour cela le leur permettront, et selon que la qualité et condition des malades le requerront. Or, le secours qu'elles tâcheront de leur donner sera particulièrement de les consoler, encourager et instruire des choses nécessaires à salut; leur faisant faire des actes de foi, d'espérance et de charité envers Dieu et envers le prochain, et de contrition; les exhortant de pardonner à leurs ennemis, et de demander pardon à ceux qu'ils ont offensés; de se résigner au bon plaisir de Dieu, soit pour souffrir, soit pour guérir, soit pour mourir, soit pour vivre; et autres semblables actes, non tous à la fois, mais un peu chaque jour, et le plus succinctement qu'il leur sera possible, de peur de les ennuyer.

Surtout elles se donneront à Dieu, pour les disposer à faire une bonne confession générale de toute leur vie, particulièrement s'ils sont pour mourir de leur maladie; leur représentant l'importance qu'il y a de la faire, et leur enseignant la manière de la bien faire; leur disant, entre autres choses, qu'ils ne rendront pas seulement compte des péchés commis depuis leur dernière confession, mais encore de tous les autres qu'ils ont jamais faits, tant confessés qu'oubliés; que s'ils ne sont pas en état de faire cette confession de toute leur vie, elles les exciteront à concevoir du moins une contrition générale de tous leurs péchés, avec un ferme propos de vouloir plutôt mourir que de les plus commettre, moyennant la grâce de Dieu.

Si les malades reviennent en convalescence et puis retombent une ou plusieurs fois, elles auront soin de les exhorter à recevoir derechef les sacrements, même celui de l'extrême-onction, et de leur procurer ce grand bien. Si elles se trouvent à leur dernier passage, elles les aideront à bien mourir, en leur faisant faire quelques-uns des actes ci-dessus rapportés, en priant Dieu pour eux.

Et s'ils guérissent, elles redoubleront leurs soins pour les exciter à profiter de leur maladie et de leur guérison, en leur représentant que Dieu les a faits malades de corps pour guérir leurs âmes, et qu'il leur a redonné la santé corporelle pour la bien employer à faire pénitence et à mener une bonne vie; et partant qu'ils doivent faire de fortes résolutions d'accomplir tout cela et renouveler celles qu'ils ont faites au fort de leur mal; leur conseillant quelques pratiques selon leur portée, comme de prier Dieu à genoux soir et matin, se confesser et communier plusieurs fois l'année, fuir les occasions du péché et semblables, le tout brièvement, simplement et humblement.

Et, de peur que ces services spirituels qu'elles leur rendent ne préjudicient aux corporels qu'elles leur doivent, ce qui arriverait si, pour s'amuser trop longtemps à parler à un malade, elles faisaient souffrir les autres, faute de leur porter de bonne heure la nourriture ou les médicaments nécessaires, elles tâcheront de bien prendre en cela leurs mesures, réglant leur temps et leurs exercices selon que le nombre et les besoins des malades sera grand ou petit. Et, parce que leurs emplois du soir ne sont pas ordinairement si pressants que ceux du matin, elles pourront prendre ce temps-là pour les instruire ou exhorter en la manière qui a été marquée, particulièrement lorsqu'elles leur portent des remèdes.

En servant les malades, elles ne doivent considérer que Dieu , et partant ne prendre non plus garde aux louanges qu'ils leur donnent qu'aux injures qu'ils leur disent, si ce n'est pour en faire un bon usage, rejetant intérieurement celles-là, et se confondant dans leur néant , et agréant celles-ci pour honorer les mérites faits au Fils de Dieu en la croix par ceux mêmes qui en avaient reçu tant de faveurs et de grâces.

Elles ne recevront aucun présent, tant petit soit-il, des pauvres qu'elles assistent ; se gardant bien de penser qu'ils leur soient obligés pour le service qu'elles leur rendent ; vu qu'au contraire elles leur en doivent de reste, puisque, pour une petite aumône qu'elles font, non de leurs biens propres, mais seulement d'un peu de leurs soins, elles se font des amis dans le ciel, qui ont droit de les recevoir un jour dans les tabernacles éternels ; et même, dès cette vie, elles reçoivent, au sujet de ces pauvres qu'elles assistent, plus d'honneur et de vrai contentement qu'elles n'en eussent jamais osé espérer dans le monde, dont elles ne doivent pas abuser, mais plutôt entrer en confusion, dans la vue qu'elles en sont indignes.

VIII.

Pour ne pas outrepasser les limites où doit se renfermer cette esquisse, contentons-nous de citer quelques faits :

En 1643, l'homme de Dieu reçut avec angoisse un honneur qui fut infiniment utile à l'Eglise. Louis XIII mourant lui avait dit que s'il revenait à la santé, il ne désignerait jamais un évêque qui n'eût passé trois ans chez lui. Anne d'Autriche, entrant dans la pensée du roi défunt, nomma Vincent membre du conseil de conscience qu'elle consultait sur les affaires ecclésiastiques. Il y fut, comme partout, un *prêtre fidèle*. Il ne donna jamais un avis contre sa conscience, et plus d'une fois il en osa donner qu'on ne lui demandait pas. Son influence dans ce conseil, ses observations, ses résistances aidèrent puissamment à la réforme du clergé. Il fit tout pour Dieu, rien pour lui-même. Ses meilleurs amis, ses plus anciens et ses plus généreux bienfaiteurs, ne purent obtenir de lui qu'il recommandât un sujet indigne, ou qu'il s'abstînt de le combattre. Il se rendait au conseil vêtu de sa soutane propre et usée, aussi simple dans sa personne que dans ses paroles et dans son cœur. Un jour, Mazarin, remarquant sa ceinture un peu déchirée, la souleva et dit tout haut : Voyez quels beaux habits met M. Vincent pour venir à la cour ! Il y avait à Saint-Lazare un bon frère qui se désolait de cette négligence, et qui tourmentait « Monsieur Vincent » pour qu'au moins il prît une soutane et un chapeau neufs. «Oh! oh! mon frère, lui répondait Vincent, savez-vous que c'est tout ce que le roi peut faire de porter un habit et un chapeau neufs ! »

En 1648, il fonda définitivement l'œuvre des Enfants-Trouvés. « La postérité, a dit un Evêque

du XVIII° siècle, sera étonnée, comme nos pères
l'ont été, de voir dans un seul homme le ministre
universel de la Providence, qui a su pourvoir à toutes
les misères de toutes les sortes, de tous les âges, de
tous les temps. » La plaie des enfants trouvés était
sans doute la plus effroyable et la plus inconce-
vable de cette époque, sous d'autres rapports si
cultivée et si brillante. Du temps de l'hôtel Ram-
bouillet et de Voiture, du temps de l'*Astrée*, on
exposait ou plutôt l'on jetait dans les rues de
Paris, au coin des bornes, les enfants qui nais-
saient du vice ou simplement de la misère… « Il en
« mourait sans baptème, d'autres étaient égorgés
« pour servir à des opérations magiques ou à des
« bains sanglants, que la fureur de vivre a quelque-
« fois inventés (1). » C'était un miracle qu'un enfant
abandonné conservât la vie. Vincent osa se charger
de cette famille. Il trouva, comme à l'ordinaire, de
grands secours dans la charité, un grand zèle parmi
les femmes chrétiennes. On recueillit les enfants.
Mais bientôt la charge devint si lourde, qu'il parut
impossible de la soutenir et qu'il fut question de l'a-
bandonner. Vincent, sur qui pesaient tant d'autres
œuvres, ne le voulut point. On ne se lassera jamais
de répéter et d'admirer le discours qu'il tint en cette

(1) MONGIN, év. de Bazas.

4.

occasion aux dames que les difficultés d'une pareille adoption faisaient reculer. Les princes de l'éloquence n'ont rien dit de plus beau et de plus puissant que ces simples paroles :

Or sus, Mesdames, la compassion et la charité vous ont fait adopter ces petites créatures pour vos enfants; vous avez été leurs mères suivant la grâce, depuis que leurs mères suivant la nature les ont abandonnées : voyez maintenant si vous voulez aussi les abandonner; cessez d'être leurs mères pour devenir à présent leurs juges : leur vie et leur mort sont entre vos mains; je m'en vais prendre les voix et les suffrages; il est temps de prononcer leur arrêt et de savoir si vous ne voulez plus avoir de miséricorde pour eux. Ils vivront si vous continuez d'en prendre un charitable soin, et au contraire ils mourront et périront infailliblement si vous les abandonnez.

Il n'eut pas besoin d'aller aux voix. L'œuvre était fondée pour jamais en France et dans tous les pays chrétiens. Les efforts d'une science fausse et brutale ne parviendront pas à l'abolir; elle durera autant que l'Eglise, et continuera de sauver tous les ans un million d'enfants abandonnés.

Il faut passer sous silence d'autres œuvres, dont l'énumération nous mènerait trop loin. Nommons pourtant l'hôpital du faubourg Saint-Laurent, fondé en 1653 avec ce bel ordre, cette douce charité, ce grand respect pour la liberté des pauvres qui brillent en ce moment dans les maisons des Petites-Sœurs. On vint de toutes parts admirer cette nouvelle création du bon prêtre, et l'admiration fut si grande que l'on voulut étendre ce bienfait à tous les indigents de Paris. De là la fondation de la Salpêtrière, où Vincent eut encore une part très-considérable. Mais contre son intention, la liberté des pauvres n'y fut pas aussi respectée qu'à l'hospice du faubourg Saint-Laurent. A son avis, il fallait attendre que les pauvres se présentassent eux-mêmes : on prit quelques mesures pour les faire entrer de force; entre autres, on interdit la mendicité, et ce fut contre Vincent une occasion de murmures dans le peuple, qui lui attribua cette rigueur. Il s'y soumettait et la déplorait. Un pauvre lui dit un jour : « Vous savez bien, Monsieur Vincent, que Dieu vous commande de faire l'aumône. — Oui, répondit-il, mais je sais aussi qu'il faut obéir aux magistrats. » Du reste, on peut voir si Vincent avait raison de haïr la contrainte à l'égard des pauvres : les prisonniers de Bicêtre et de la Salpêtrière ne connaissent pas Dieu et sont pleins de haine contre l'ordre social; les hôtes des *Petites-Sœurs*, dans les maisons desquelles les pensées de saint Vincent sont suivies, prient Dieu pour leurs bienfaiteurs.

IX

La haute renommée de Vincent de Paul attira
l'attention des jansénistes, naissants alors, et déjà
doués de cette énergie rusée et remuante qui les a
toujours caractérisés. Duverger de Hauranne, abbé
de Saint-Cyran, leur chef, était compatriote du
Père des Pauvres. Il entreprit de le séduire, ima-
ginant, dans sa vanité de docteur et de bel esprit,
qu'il aurait aisément raison de cet homme si
simple, et que cette conquête importante ne lui
coûterait pas. Il en avait déjà fait qui paraissaient
plus difficiles. Saint Vincent de Paul le pénétra dès
le premier jour, et ne consentit à le revoir que pour
tâcher charitablement de l'éclairer. Lorsqu'il en
eût perdu l'espérance, ce qui ne tarda point, alors,
il ne songea plus qu'à ses devoirs envers l'Eglise,
menacée d'une hérésie très-subtile et très-dange-
reuse. Il dénonça partout, il dénonça tout haut ces
hérétiques, déguisés encore sous les apparences du
zèle; il sonna l'alarme contre eux, et s'occupa de
les faire condamner.

Ce n'est pas ici le lieu d'exposer les erreurs jansénistes; il suffit, au but de cet écrit, d'en montrer

les conséquences sociales. Elles ont été signalées en quelques mots d'une rare sagacité par un homme qui, comme saint Vincent, les a vues tout de suite dans le germe habilement caché d'où elles devaient sortir. « Ils enseignent, écrivait l'abbé « Olier, fondateur de la société de Saint-Sulpice, que « jamais ils ne font le mal que par le défaut de la « grâce, Dieu la retirant sans sujet à la créature et « la faisant ainsi trébucher. Ils publient et prêchent « que, quand nous tombons, ce n'est que par faute « de grâce et non par l'abus de notre liberté, et « qu'*ainsi les commandements de Dieu nous sont* « *impossibles.* Voyez quelle doctrine et quel prétexte « aux négligents et aux libertins. Ils sont venus, « disent-ils, pour humilier les hommes, en appre- « nant que la grâce est principe de tout ; comme si « le corps de l'Eglise ne l'enseignait pas à ses en- « fants. Voyez quelle est cette humilité, qui fait « que le pécheur ne s'accuse jamais d'être la cause « entière du mal ; mais qu'il en accuse Dieu, comme « s'il ne voulait pas que nous fissions le bien, le « bien qu'il nous commande, et pour l'accomplisse- « ment duquel il est mort sur la croix et a versé « tout son sang. » Le savant historien de M. Olier ajoute que ce langage impie était devenu populaire. Plusieurs le portaient dans le tribunal de la péni- tence, et on citait l'exemple d'une personne qui, ayant violé les engagements les plus sacrés, avait bien osé dire dans son accusation que la grâce lui avait manqué trois fois (1).

Quand on voit naître une hérésie, on peut affirmer que le terrain était préparé pour le recevoir. Toute fausse doctrine est la formule philosophique des vices dominants de l'époque où elle éclate. Au milieu des troubles politiques et des guerres civiles, entre l'esprit de la ligue et l'esprit du protestantisme qui vivaient encore, et qui se combattaient encore ; il fallait une hérésie à l'usage des politiques qui voulaient penser et vivre en protestants, sans se séparer ouvertement du catholicisme décidément victorieux. Le jansénisme fut ce moyen terme, et le père du mensonge n'en pouvait suggérer un plus adroit. Il obtint tout d'abord un succès inquiétant. Les doctrines jansénistes pénétrèrent bientôt dans la Sorbonne, où les bacheliers les maintinrent dans leurs thèses en dépit des corrections des censeurs. Vincent de Paul vit le péril, et ne prit point de repos qu'il n'y eût apporté un remède. Il en parla dans le conseil, suppliant la régente et le cardinal Mazarin de ne point mettre dans les bénéfices et dans les charges les ecclésiastiques qui seraient soupçonnés d'appartenir à la secte ; il dénonça au

(1) *Vie de M. Olier*, t. II, pp. 213 et 213, seconde édition.

nonce et au chancelier les couvents où elle réus-
sissait à s'introduire ; il fit faire des livres pour
réfuter ceux de l'erreur. Mais le vrai remède était
à Rome, ce fut là qu'il le sollicita particulièrement ;
et pour y parler avec plus de crédit, il pria, pressa,
importuna les évêques de France, afin qu'ils si-
gnassent une lettre au pape dans laquelle les pro-
positions jansénistes étaient exposées et flétries. Le
résultat de toutes ces démarches fut la Constitution
d'Innocent X. Si le jansénisme put survivre à ce
coup, ce fut la faute de ceux qui ne surent pas
imiter le zèle de saint Vincent de Paul et soutenir
ce qu'il avait si bien commencé. Du moins la bonne
foi ignorante fut mise à l'abri, et à partir de ce
moment l'erreur ne séduisit plus que ceux qui
voulurent être sa proie.

Les jansénistes ne pardonnèrent pas à Vincent
de Paul. Leur historien le qualifia de « dévot igno-
« rant, demi-pélagien et moliniste, à qui les
« évêques cédèrent, afin de se délivrer de ses im-
« portunités. » Déjà Saint-Cyran, dans la dernière
conversation qu'ils avaient eue ensemble, voyant
son respect pour l'Eglise, lui avait dit : « Vous n'y
« entendez que le haut allemand. Vous êtes un
« ignorant; bien loin de mériter d'être à la tête de
« votre congrégation, vous mériteriez d'en être
« chassé, et je suis fort surpris qu'on vous y

« souffre. » Vincent se contenta de lui répondre que sur ce point il avait bien raison.

C'est la seule inimitié que Vincent de Paul ait soulevée contre lui dans le cours de sa vie, si longue et si pleine. Par une sorte de dérogation à la conduite ordinaire de sa Providence, Dieu a voulu que ce grand serviteur et ministre de sa miséricorde échappât aux persécutions que subissent presque toujours les saints. Mais en lui ouvrant ainsi partout les cœurs, pour y puiser sans cesse, il n'a pas permis cependant qu'on pût l'accuser d'avoir ménagé l'erreur, et que l'injure et la haine des ennemis de l'Eglise manquassent à sa gloire (1).

X.

Il serait superflu d'insister sur la foi, sur la piété, sur les vertus chrétiennes et sacerdotales de saint Vincent de Paul, et il est impossible d'en faire un tableau abrégé. Abelly en a rempli ses deux énormes volumes, et n'y a mis que ce qui avait paru aux yeux de tout le monde. Ce que la modestie du Saint a couvert d'un voile connu de Dieu seul,

(1) Les jansénistes furent fidèles à cette haine stupide : « Le 4 janvier 1738, le parlement de Paris supprime la bulle de

remplirait plus de pages encore. Lorsque l'on
étudie cette merveille, il semble que tout s'affai-
blit, se rabaisse et s'efface devant le radieux éclat
de tant de vertus; et au milieu de ses œuvres éton-
nantes, l'homme de Dieu parait seul digne d'admiration. Que de douceur, que de persévérance
dans le travail, que de patience dans la douleur !
Sa vie, en apparence si paisible et si exclusivement
vouée au prochain, fut à beaucoup d'égards un
long martyre, où l'homme intérieur et l'homme
de chair souffrit également. Il eut, qui le croirait ?
des tentations violentes contre la foi, et il fut

canonisation de saint Vincent de Paul. Rien ne prêtait moins à
la suppression, rien n'était moins du ressort du parlement
qu'une bulle de cette nature. Mais il y était question des erreurs
du jansénisme et du zèle de saint Vincent à les combattre. Il
n'en fallut pas davantage pour exciter les plaintes. Des curés de
Paris, les mêmes qui s'étaient déclarés pour les miracles du
diacre Pâris, réclamèrent contre la bulle, et dix avocats les
appuyèrent d'une consultation où ils assuraient *que les défauts
de ce jugement autorisaient les curés à former opposition à
l'enregistrement de toutes lettres patentes qu'on pourrait sur-
prendre en faveur de cette bulle, ce qui n'empêcherait pas que,
dans un temps plus opportun, ils ne passassent à l'appel comme
d'abus.* Les curés formèrent donc leur opposition; mais le roi
ordonna que l'arrêt du parlement fût considéré comme nul en
ce qui regardait l'impression et la distribution de la bulle. »
(*Mémoires pour servir à l'histoire ecclésiastique pendant le
XVIIIe siècle*, t. II.)

presque toute sa vie malade. Ainsi tant d'œuvres qui semblaient n'être que l'effet naturel d'une organisation comme formée à dessein pour agir dans la plénitude sereine de sa liberté et de sa force, étaient une victoire continuelle de la volonté dans un combat continuel contre la chair et contre l'esprit. On le voyait porter la main sur son cœur. Il y touchait sa profession de foi, qu'il avait écrite et placée là, comme un désaveu permanent de ces désolantes pensées contre la foi. C'était un signe qu'il donnait à Dieu de sa fidélité, « et un « renouvellement de la protestation qu'il avait « faite de persévérer jusqu'au dernier moment « dans la foi de l'Eglise, et de croire fermement « toutes les vérités qu'elle enseigne. » Délivré de ce supplice, ses souffrances corporelles augmentèrent. Miné par la fièvre, les jambes enflées, pouvant à peine se soutenir, il donnait à la prière et au travail tout le jour et souvent toute la nuit. Il habitait une chambre sans feu, il faisait son lit lui-même, et, loin de rien diminuer dans les rigueurs de la règle commune, il y ajoutait des austérités et des mortifications qu'il n'eût point permises à d'autres. Sur la fin de sa vie, ses infirmités devinrent telles et si terribles, que l'on s'étonnait qu'il les pût supporter. « Il arriva un « jour qu'un de ses prêtres, le rencontrant dans sa

« chambre lorsqu'on lui accommodait et pensait
« ses jambes enflées et ulcérées, et le voyant beau-
« coup souffrir, touché de son mal, il lui dit : « O
« Monsieur, que vos douleurs sont fâcheuses ! » —
« A quoi M. Vincent répondit : « *Quoi? appelez-vous*
« *fâcheux l'ouvrage de Dieu, et ce qu'il ordonne en*
« *faisant souffrir un misérable pécheur, tel que je*
« *suis? Dieu vous pardonne, Monsieur, ce que vous*
« *venez de dire; car on ne parle pas de la sorte dans*
« *le langage de Jésus-Christ. N'est-il pas juste que*
« *le coupable souffre, et ne sommes-nous pas plus à*
« *Dieu qu'à nous-mêmes?* » On avouera que ces
paroles valent mieux que les fanfaronnades des
stoïciens, tant admirées dans les colléges.

Rien ne saurait exprimer son détachement pour
les biens de ce monde, ou plutôt l'horreur qu'ils
lui inspiraient. A l'entendre, on se prend à croire
que ce qu'il aurait surtout voulu laisser de lui-même
à ses deux congrégations, c'était son amour pour la
sainte pauvreté. Il en parlait souvent, toujours
avec cette éloquence à laquelle nulle autre ne res-
semble. Abelly a conservé une de ces exhortations
adressée aux missionnaires. Nous n'aurions pas fait
suffisamment connaître saint Vincent de Paul, si
nous ne la reproduisions point.

« Malheur, malheur, Messieurs et mes frères, oui, malheur au missionnaire qui voudra s'attacher aux biens péris-

sables de cette vie ; car il y sera pris , il demeurera piqué de ces épines et arrêté dans ces liens. Et si ce malheur arrivait à la Compagnie, qu'est-ce qu'on y dirait après cela ? et comment est-ce qu'on y vivrait ? L'on dirait : Nous avons tant de mille livres de revenu , il nous faut demeurer en repos. Pourquoi aller courir par des villages ? Pourquoi tant travailler ? Laissons là les pauvres gens des champs ; que leurs curés en aient soin si bon leur semble ; vivons doucement sans nous mettre tant en peine. Voilà comment l'oisiveté suivra l'esprit d'avarice. On ne s'occupera plus qu'à conserver et augmenter ses biens temporels, et à chercher ses propres satisfactions ; et alors on pourra dire adieu à tous les exercices de la mission, et à la mission même, car il n'y en aura plus. Il ne faut que lire les histoires, et on trouvera une infinité d'exemples qui feront voir que les richesses et l'abondance des biens temporels ont causé la perte, non-seulement de plusieurs personnes ecclésiastiques, mais aussi des communautés et des ordres entiers, pour n'avoir pas été fidèles à leur premier esprit de pauvreté. »

Vincent de Paul mourut dans la maison de Saint-Lazare, au milieu de ses frères, le 27 septembre 1660, à l'âge de 85 ans , fidèle jusque dans sa mort au but qu'il s'était dès longtemps proposé. « La plus « grande gloire de Dieu et l'accomplissement de « sa très-sainte volonté, c'était là l'unique but au- « quel ce bon serviteur de Dieu a toujours visé, « en tous ses desseins et en toutes ses entreprises ; « c'était là où tendaient toutes ses pensées, tous « ses désirs et toutes ses intentions ; et enfin, c'était « là qu'il s'efforçait de porter les autres, par ses

« avis, conseils, exhortations, et par toutes les
« assistances spirituelles et temporelles qu'il leur
« rendait ; il ne prétendait en tout et partout,
« sinon que le nom de Dieu fût sanctifié, son
« royaume augmenté, et sa volonté accomplie en
« la terre comme au ciel : voilà où son esprit
« regardait et où son cœur aspirait incessam-
« ment (1). »

XI.

Nous avons esquissé la vie de saint Vincent de
Paul ; laissons un évêque nous en expliquer le
mystère. Nous en tirerons ensuite quelques leçons
applicables à notre temps.

« A considérer la multitude innombrable des
pauvres que saint Vincent a fait subsister, les fa-
milles abattues qu'il a relevées, les provinces en-
tières qu'il a secourues, tant au dedans qu'au
dehors de ce royaume, les hôpitaux qu'il a sou-
tenus, ces deux nouvelles Congrégations, toutes
deux consacrées ou à l'instruction ou au service
des pauvres, qu'il a formées, qu'il a fondées, qu'il
a établies et étendues dans toute la France, presque

(1) ABELLY, liv. III, ch. XXIV.

dans toute l'Europe, et jusqu'au delà des mers, ne dirait-on pas que tant de merveilles ne pourraient être que l'ouvrage de la magnificence d'un roi? On le dirait sans doute, et on ne dirait pas assez. Les rois reconnaissent des bornes à leur empire, la charité n'en connaît point. Celle de saint Vincent a franchi les limites de ce vaste royaume. Mais que dira-t-on, quand on verra que tout cela s'est fait comme de rien, par un homme qui n'avait rien, qui n'y pensait pas, et qui, sans rien avoir, donnait toujours, établissait toujours sans jamais épuiser les sources d'où il tirait tous ces secours. Ce n'est pas encore tout; plus on avance, et moins on approfondit le prodige. Il y a des choses surprenantes, mais qui passent; ici tout surprend et tout subsiste : rien ne tombe, tout se soutient, tout s'agrandit et se multiplie au milieu des débris et des ruines du monde. Quelle est donc cette main invisible qui fait de si grandes choses et qui les maintient dans l'ordre qu'elle les a faites? Ce n'est pas la main de l'ambition, qui, pour s'élever, commence par tout détruire; ce n'est pas la main de la vanité, dont les productions stériles ne font que passer, deviennent à rien : c'est la main de la divine charité, qui, par le ministère de l'humble Vincent, a opéré toutes ces merveilles, et qui seule, malgré la décadence des siècles, saura bien les maintenir. Vous n'en serez pas étonnés, quand vous saurez ce que c'est qu'un homme véritablement animé par la charité. Saint Jean nous l'apprend. Celui-ci, nous dit-il, qui demeure dans la charité, demeure dans Dieu, et Dieu demeure en lui : *Qui manet in charitate, in Deo manet, et Deus in eo.* (JOANN., c. IX.) Si cet homme est dans Dieu et que Dieu soit en lui, il est donc à la source de tout bien, source nécessairement universelle et intarissable : universelle pour couler partout, et intarissable pour couler toujours; et telle fut la charité dont saint Vincent fut embrasé : elle fut véritablement une source universelle de bien pour tous les pauvres. Dieu, qui le destinait à fournir à tous leurs besoins, avait fait de son cœur comme un canal d'où les eaux sortaient en abondance et allaient arroser toutes les terres les plus desséchées et les plus appauvries : la charité lui avait mis en main la clef de tous les cœurs, il en eut bientôt les trésors (1). »

XII.

Aux siècles de foi, on distinguait deux situations bien différentes dans la pauvreté. Il y avait la

(1) MONGIN, évèq. de Bazas.

misère, qui était un mal, mais un mal accidentel que la charité guérissait; et la pauvreté proprement dite, qui était un état normal parfaitement acceptable aux yeux de la charité même, parfaitement accepté de ceux qui s'y trouvaient par la volonté de Dieu. La misère était résignée, la pauvreté était contente. Par l'assistance chrétienne et par le travail, on montait de la misère à la pauvreté, comme aujourd'hui de la pauvreté à l'aisance. On appelait volontiers aisance ce que nous appelons aujourd'hui pauvreté et même misère. Quiconque possédait des outils et la santé, s'estimait pourvu, vivait joyeux parmi ses égaux et dormait tranquille sur l'oreiller de la Providence, après lui avoir fidèlement demandé le pain de chaque jour. La charité s'appliquait à maintenir ou à rétablir au moins l'équilibre du strict nécessaire entre une gêne tolérable et l'absolu dénûment. Matériellement, elle ne se proposait pas plus; on ne lui demandait pas davantage. Son action consistait surtout à compenser l'absence des biens temporels par l'abondance des biens spirituels, qui sont la foi, l'amour, l'espérance, c'est-à-dire la paix et l'allégresse au sein des privations et de l'humilité. Sans négliger le reste, saint Vincent de Paul s'y employait d'abord. Il prenait grande compassion des pauvres qui ne connaissaient pas Dieu, il secourait par l'aumône ceux qui manquaient du nécessaire ; s'efforçant de les éclairer tous, ne se proposant jamais d'en enrichir aucun. Ceux qui connaissaient Dieu et qui gagnaient leur vie, si rudement et si modiquement que ce fût, loin de s'apitoyer sur eux, il les enviait, parce qu'il leur était plus facile de vivre sans péché et d'acquérir les biens éternels. Quand il les avait mis dans cette condition, son œuvre était faite ; quand il les y trouvait, il n'avait rien à faire. Malgré les offres de ses puissants amis, il refusa d'élever sa chrétienne et quasi-indigente famille. Un mot eût suffi, sans porter le moindre préjudice à personne, sans tirer un denier du trésor des pauvres. Il préféra pour ses parents la pauvreté, comme il l'avait préférée pour lui-même et pour sa Congrégation.

L'accusera-t-on de dureté de cœur ? Dira-t-on qu'il prenait trop aisément son parti des souffrances humaines, cet homme qui servit les pauvres toute sa vie, qui voulut être pauvre lui-même pour les mieux servir ; qui se reprochait à soixante-dix-sept ans le pain qu'il mangeait, craignant de ne l'avoir pas assez mérité de ses seigneurs les pauvres ; qui, un jour, ayant par mégarde fait attendre à sa porte des pauvres qui lui avaient demandé l'aumône, courut leur faire excuse à genoux ? Non, personne n'a plus aimé, plus respecté les pauvres ; et pour

tout dire en un mot, les pauvres souffrants lui
représentaient Jésus-Christ souffrant. Mais il savait
que l'on peut être pauvre et ne point souffrir, et
qu'il y a une pauvreté non-seulement bénie, mais
heureuse ; non-seulement désirable au point de vue
de la foi, mais désirable encore par les seules lumières de la raison. Avec tout ce que le monde a
connu de sages et de saints, il disait que la pauvreté,
moyennant les secours et les lumières de l'Evangile,
est l'état terrestre le plus voisin du royaume d'en
haut, le plus naturellement innocent, le plus à
l'abri des tentations de l'orgueil et de la sensualité ;
par conséquent l'état où l'homme a plus de chances
de vivre dans la grâce de Dieu, seul vrai bonheur
et unique but de la vie. Il bénissait la Providence,
qui, par d'invincibles et éternelles lois, a disposé
que la foule des âmes feraient ici-bas leur temps
d'épreuve derrière ce saint et fort rempart de la
pauvreté. *Ad quem respiciam, dicit Dominus, nisi
ad pauperculum, et contritum Spiritu, et trementem
sermones meos.* (Is. 66.)

La société moderne rejette ces maximes, sur lesquelles l'ancienne société, solidement assise par la
sagesse de l'Evangile, a traversé tant de sombres
jours sans que sa raison se troublât et sans que son
existence en fût menacée. Chose étonnante et ef-
frayante ! on est parvenu à éloigner les misères in-

descriptibles qui fondaient jadis sur la pauvreté, et la pauvreté est devenue une plaie plus redoutable que ne l'était jadis la plus acerbe misère. Où la charité suffisait, l'on voit échouer toutes les combinaisons de la politique. A la place de la misère résignée, à la place de la pauvreté contente, l'hydre formidable que l'on nomme le *Paupérisme* se dresse et propose aux hommes d'Etat ce problème deux fois insoluble, savoir : comment on pourra faire accepter au plus grand nombre des hommes, qui se déclarent pauvres, la pauvreté dont ils ne veulent plus; ou comment on changera la constitution éternelle des sociétés humaines en supprimant la pauvreté et en enrichissant tout le monde? Car nous en sommes là : depuis que le fait naturel de la pauvreté est devenu le phénomène subversif du paupérisme, et que la science, naturelle aussi, de la charité est devenue l'art incertain et compliqué de l'assistance publique, il semble que la société ne peut plus porter les lois de la nature, et qu'elle n'a désormais que l'alternative de périr sous leur poids, ou de périr en les rejetant.

Telle est la plaie. Les économistes et les socialistes prétendent la guérir. Ceux-ci, considérant le pauvre comme un ennemi, le veulent séquestrer dans de prétendues maisons de charité qui sont en réalité des maisons de force; ceux-là, voyant dans

le pauvre un maître, veulent obliger la société à lui
procurer, par d'impossibles sacrifices, les impossibles jouissances que les courtisans de son orgueil
lui apprennent à désirer. Publiquement discutées
entre des empiriques, des ambitieux et des sec-
taires, ces utopies, à la fois criminelles et frivoles,
ont aggravé le mal. Il n'en est résulté de part et
d'autre que des ressentiments plus amers, une
résolution plus aveugle d'en finir, ici par la force,
là par les révolutions. Mais, lorsqu'un peuple a
perdu l'Evangile, il n'y a point de force qui le
puisse contraindre à souffrir sans murmure tout
ensemble les fatigues du travail et les privations
de la pauvreté; pas plus qu'il n'y a de révolution qui puisse contraindre la terre à se couvrir
d'épis sans semailles et sans labour. Le système
des bagnes de charité (inapplicable d'ailleurs en
France, tant que la France restera catholique)
triomphe en Angleterre : il y est un principe de
ruine actif et certain. A l'heure de la révolution,
ces tanières, où la société anglaise nourrit ses
pauvres, vomiront sur elle des bêtes féroces. Le
système de l'égalité des fortunes et des jouissances
sans travail est en vigueur dans la Nouvelle-Zélande :
on y meurt de faim, lorsque l'on n'a pas un homme
à manger.

Entre ces solutions topiques du problème de la

misère, il y a les puérilités des philanthropes et les spéculations des entrepreneurs de bienfaisance. Gens de bien, qui ne fuient point leurs aises et qui ne dédaignent pas les fumées de la gloire! Ils ne s'accommoderaient guère, comme saint Vincent de Paul, d'habiter toute leur vie une chambre sans feu; ils ne diraient jamais, ce que le Saint enseignait à ses disciples, « qu'il vaudrait mieux être jeté pieds et mains liés parmi les charbons ardents, que de faire une action en vue d'obtenir les louanges des hommes (1). » Au contraire, ils se font, le plus promptement qu'ils peuvent, authentiquer bienfaiteurs du genre humain. Accumulant les décorations et les prix de vertu, ils finissent par tremper confortablement leur soupe avec le bouillon des pauvres. Ce n'est pas la peine d'en parler davantage. On ne voit point que les pauvres sachent grand gré à ces parasites de vivre et de s'engraisser sur eux.

Nous justifierons cette conclusion en considérant un moment ce que réclament la dignité des pauvres et leurs intérêts, deux points de très-grande conséquence pour la société tout entière.

(1) ABELLY, t. II.

XIII.

À travers les éclats de leur zèle charitable, nous voyons les économistes et les socialistes mépriser les pauvres parfaitement, n'avoir aucun souci, les premiers de leur liberté, les seconds de leur dignité ; et soit qu'ils en fassent les rebuts ou les maîtres du monde, ne considérer jamais en eux que la brute redoutable et puissante dont une politique habile doit se défaire par la force ou s'emparer par la flatterie. On étudie leurs faiblesses et leurs passions, d'une part pour les mâter, de l'autre pour les séduire. Qui les aime? ceux qui savent qu'ils ont une âme et qui ont souci de l'avenir des âmes ; mais ceux-là, où les rencontre-t-on ?

Les pauvres ne sont pas naturellement aimables. On en croira saint Vincent de Paul lui-même ; il disait à ses prêtres : « Je ne dois pas considérer les « pauvres selon leur extérieur ni selon ce qui paraît « de la portée de leur esprit, d'autant que bien sou- « vent ils n'ont presque pas la figure ni l'esprit de « personnes raisonnables, tant ils sont grossiers et « terrestres. » — « Mais, ajoutait-il, tournez la mé- « daille, et vous verrez par les lumières de la foi « que le Fils de Dieu, qui a voulu être pauvre, nous

« est représenté par ces pauvres ; qu'il n'avait
« presque pas la figure d'un homme en sa passion,
« et qu'il passait pour fou dans l'esprit des Gentils,
« et pour pierre de scandale en celui des Juifs ; et
« avec tout cela, il se qualifie l'évangéliste des
« pauvres, *evangelizare pauperibus misit me*. O Dieu !
« qu'il fait beau voir les pauvres considérés en Dieu
« et dans l'estime que Jésus-Christ en a faite ! »

Quant à lui, il les considérait si bien ainsi, qu'il
ne craignait pas d'affirmer que ceux qui auront
aimé les pauvres pendant leur vie, ayant aimé
Jésus-Christ lui-même, n'auront aucune crainte de
ses jugements. Il en attestait son expérience ; « il le
disait aux personnes qu'il voyait travaillées des ap-
préhensions de la mort, » et il en tirait occasion de
les exciter à l'amour des pauvres. Lorsque dans la
récitation des litanies du saint nom de Jésus il pro-
nonçait ces mots : *Jesu pater pauperum*, c'était d'un
cœur plus pénétré et d'une voix plus attendrie.
Jusqu'à son dernier jour il ne put entendre parler
d'un malheureux sans soupirer et sans qu'aussitôt
la compassion et la douleur se peignissent sur ce
visage vénérable, que les disgrâces personnelles les
plus sensibles et les plus soudaines n'altéraient pas.
C'est là aimer les pauvres !

Mais pour les aimer de cette ardeur et de cette
constance, il faut « les considérer en Dieu et dans

l'estime que Jésus en a faite, » science difficile, inconnue des philanthropes, méprisée des socialistes, que l'économie politique n'enseigne point, qui ne s'acquiert pas dans les bureaux. Science pourtant nécessaire et indispensable ! Car de savoir que les pauvres ont des faiblesses et des passions, c'est peu, même pour les dompter, même pour les séduire. Cette compression ne durera qu'un jour et les laissera plus irrités ; cette séduction n'aura qu'un moment et les rendra plus affamés de jouissances. Rien donc de fait, rien de gagné si l'on ne sait pas qu'il y a là des âmes, si l'on ne sait pas parler à ces âmes et leur donner Jésus-Christ. Jésus-Christ est leur droit, bien que dans les ténèbres où elles sont plongées, elles ne le réclament pas ; et comme il est leur droit, il est aussi leur besoin.

Elles ont besoin de Jésus-Christ, elles en ont besoin invinciblement ; quelque lumière qu'on leur donne, elles ont besoin de ses lumières ; quelque consolation qu'on leur propose, elles ont besoin de ses consolations ; quelque promesse qu'on leur fasse, elles ont besoin de ses promesses ; en quelque gloire que l'on prétende les mettre, elles ont besoin de sa gloire. Tout leur manque, parce que Dieu leur manque ; c'est Dieu qu'il leur faut. Les progrès de l'instruction et des arts, de la liberté et du bien-être, rien ne remplacera Dieu ; la crainte des hommes ne le remplacera pas davantage. Tant que Dieu n'habitera pas ces âmes, elles seront de plus en plus abaissées, irritées, jalouses et rebelles. Il leur faut un frein assez puissant pour les contenir, mais en même temps assez noble et assez doux pour qu'elles consentent à se l'imposer elles-mêmes ; c'est Dieu. Il leur faut un bien dont la possession les glorifie dans l'humilité et les rassasie dans les privations : il n'y en a pas d'autre que Dieu.

Et maintenant, qui leur fera connaitre Dieu et qui le leur fera aimer, sinon ceux qui le connaissent et qui l'aiment ? Qui les persuadera de leur dignité de créatures de Dieu, sinon ceux qui confessent et qui vénèrent assez cette dignité pour s'en rendre les serviteurs et les esclaves ? Qui saura les relever à ce point sans exalter leur orgueil ? et en même temps leur prêcher le renoncement, l'abnégation, le mépris des biens du monde, sans exciter leurs soupçons ? Les fonctionnaires les plus imposants et les écrivains les plus habiles parleraient sans fruit sur ce chapitre essentiel : le don de convaincre en pareille matière est réservé aux hommes qui n'ont plus de fortune à défendre, plus d'appointements à gagner, et qui, pour se rendre dignes de prêcher le renoncement, ont donné l'exemple du sacrifice.

Mais ce n'est pas tout. Ces hommes de sacrifice,

6.

qui seuls peuvent mettre Dieu dans l'âme du pauvre, seuls aussi peuvent mettre du pain dans sa main. Par le sacrifice d'eux-mêmes, ils n'ont pas acquis seulement le don de prêcher efficacement l'abnégation à ceux qui manquent de tout; Dieu leur a fait une autre grâce, non moins rare et précieuse : la grâce d'ouvrir partout les sources de l'aumône, de les ouvrir larges, fécondes, intarissables, capables de subvenir à toutes les nécessités.

On a beaucoup médit de l'aumône en ces derniers temps. Les socialistes trouvent qu'elle avilit celui qui la reçoit; les économistes, qu'elle appauvrit celui qui la donne; la bureaucratie craint qu'elle ne puisse conspirer, et voudrait qu'elle se purifiât sous ses doigts; la philanthropie estime qu'on pourrait la rendre plus utile au commerce en la remplaçant par les loteries de bienfaisance et par les divertissements de charité; car on a inventé des divertissements de charité pour faire pendant aux prisons de charité! Les catholiques croient avec saint Vincent de Paul, et saint Vincent de Paul croyait avec tous les Pères de l'Église, que l'aumône est une semence féconde qui rend au centuple. « Un trésor enfoui ne « germe pas dans la terre, disait un orateur sacré, « mais il germe dans la main du pauvre. Il en sort « des terres et des châteaux que la charité donne « et que la Providence soutient; il en sort des ver-

« tus, des talents et des places dont Dieu récom-
« pense dans les enfants les aumônes des pères ; il
« en sort plus que tout cela : il en sort la rançon de
« nos péchés, le germe de notre éternité bienheu-
« reuse, le gage de notre salut. » Quelque senti-
ment que l'on se forme à ce sujet, il faut accorder
que l'aumône, dans les mains de Vincent de Paul,
a fait d'étranges et inexplicables merveilles. En
attendant que la science ait remplacé l'aumône par
quelque chose de mieux, qui paraisse aux économistes plus prudent, aux socialistes plus honora-
ble, aux philanthropes plus galant et aux bureaux
plus régulier, il faut accorder aussi qu'en ce moment encore, après tant de dissertations, c'est l'aumône chrétienne, c'est elle toute seule, quoique gê-
née et affaiblie, qui, par des milliers de cœurs et
par des millions d'offrandes, soutient le poids du
paupérisme.

Si tout à coup ces cœurs se lassaient et si ces
offrandes cessaient, si tant de sophismes absurdes
et ingrats pouvaient tarir les sources de l'aumône,
qu'arriverait-il en France ? Ferait-on sortir les soldats des casernes pour y loger le surcroît des pauvres, ou viderait-on les dépôts de mendicité pour y
loger le surcroît des soldats ? Quelle taxe des pauvres suffirait à nourrir ces bandes affamées qui
surgiraient de partout ? Quelles armées suffiraient à

les contenir? Après la destruction des couvents en Angleterre, sous Élisabeth, des multitudes sans ressource et sans abri se mirent à courir les campagnes. On essaya différents moyens pour obvier au fléau de leur misère, et les meilleurs qu'on trouva furent la potence et le canon. Voilà le dernier mot de la science temporelle en matière d'assistance publique. Si l'aumône manquait, il faudrait revenir à cette procédure, et l'on y reviendrait par une nécessité fatale, acceptée sans scrupule. Il n'en coûte pas tant de traiter ainsi des hommes qu'on est résolu de laisser mourir de faim et qui d'ailleurs, de leur côté, sont très-décidés à vivre ou à vendre leur vie.

L'aumône vaut mieux, sans doute; mais l'aumône n'est abondante, n'est féconde, ne se perpétue qu'à de certaines conditions. C'est la piété qui fait les grands dons et qui les renouvelle; elle ne les fait qu'à la sainteté, et le don le plus grand et le plus fécond de tous, le don de soi-même, est un don spécial de la sainteté même. Otez à Vincent de Paul sa sainteté; laissez-lui seulement sa bonté, son courage, sa haute intelligence, tels qu'il les eut; à supposer qu'un homme puisse posséder dans cette splendeur tant de qualités de cœur et d'esprit et rester encore modeste et désintéressé sans être saint : malgré toutes ces qualités, malgré

toutes ces vertus, Vincent de Paul n'étant plus
saint, n'est plus qu'un bon homme qui peut faire
de bonnes choses, mais plus rien de grand ni de
durable. Il peut distribuer dans son quartier quelques bouillons, quelques vieux habits, donner
quelques conseils honnêtes, répandre quelques
petits livres, instituer peut-être — c'est beaucoup!
— un club de bienfaisance, où le ridicule, l'intrigue et les repas s'introduiront en fort peu de
temps. Il peut maintenir à peu près tout cela tant
qu'il aura vie et force. Qu'il renonce à faire davantage, et surtout qu'il renonce à l'espoir de conti-
nuer ce peu de bien après sa mort! Personne ne
lui donnera des millions pour nourrir la Lorraine,
et ensuite des millions pour nourrir la Picardie et
la Champagne, et après des millions pour l'Ile de
France, et encore des millions pour racheter les
esclaves des pays barbaresques, et toujours des
millions pour les enfants trouvés, pour l'hospice
Saint-Laurent, pour les pauvres de Paris, pour les
retraitants de Saint-Lazare, pour vingt autres
œuvres immenses que l'on connait, pour cent
autres que l'on ne connait pas; et tout cela pendant
cinquante ans de sa vie, et pendant deux cents ans
après sa mort.

On ne se dépouille pas pour satisfaire les bonnes
idées d'un philanthrope qui n'abandonne jamais

lui-même le soin de ses petits intérêts. On fait plus et mieux que se dépouiller pour s'associer à la charité et aux mérites d'un saint qui traverse le monde tout revêtu et tout éclatant de la bonté, de la douceur et de l'abnégation du Fils de Dieu : on lui donne tout, et quand on lui a tout donné, l'on trouve que ce n'est pas assez encore, et l'on quitte tout pour le suivre. Par ce premier sacrifice, on a gagné la sainte contagion du sacrifice suprême. On vient donc à ses pieds, et on lui dit : « Me voici, je n'ai plus de patrie, plus de famille et plus de volonté. Je suis à Dieu par vous, disposez de moi suivant la volonté de Dieu. Mettez-moi au service des pauvres, des forçats, des esclaves ; envoyez-moi au martyre. » Il prononce et l'on obéit. Et lorsqu'il est mort depuis plusieurs siècles, de tous les coins de la terre et de tous les rangs de la société, des hommes saints, des vierges pures viennent encore tous les jours faire cette offrande à son tombeau.

C'est une folie, disent quelques sages dont les idées, fort différentes de celles-là, ont un grand crédit dans notre époque si sereine et si bien ordonnée. En effet, c'est une folie, la folie de la croix ! Mais cette folie relève la dignité des pauvres, les nourrit, les console et entretient dans le peuple ce qu'il y reste de bon sens et de vertu. Remercions Dieu qui n'a point permis que cette folie se tournât

en sagesse humaine, et félicitons-nous d'avoir
dix mille Sœurs de Charité et vingt à trente mille
autres religieuses, filles, petites-filles, arrière-
petites-filles de saint Vincent de Paul, de qui vient
cette postérité angélique; folles de la croix, répan-
dues dans les hôpitaux, dans les prisons, dans les
faubourgs, dans les campagnes, pour servir les
pauvres sans autre salaire que celui du bœuf qui
foule le grain! Les espérances et les provisions de
la pauvreté sont là plus que dans les merveilles de
l'industrie, et l'ordre social est mieux défendu par
ces humbles petits couvents que par la force, l'am-
pleur et le nombre des casernes.

Si les pauvres voyaient encore assez fréquem-
ment, comme autrefois, un seigneur vendre sa
terre patrimoniale pour leur en distribuer le prix
et transformer sa dernière maison en hôpital dont
il deviendrait le plus attentif infirmier, cette folle
action vaudrait bien des brochures sages contre le
socialisme. A défaut de ces grands exemples que
ne produit plus une société élevée dans l'amour des
richesses et dans l'ignorance de Dieu, la folie qui
anima saint Vincent de Paul nous donne encore des
congrégations religieuses d'hommes et de femmes,
des prêtres, des moines, des missionnaires, des
Frères des écoles; elle a récemment enfanté dans le
Maine des Frères du travail manuel; elle forme à

Saint-Ilan, en Bretagne, des Frères laboureu
multiplie les Filles de la Charité, les Fille
Providence, les Sœurs de Saint-Joseph, les
talières; et les dernières venues, les Petites
des Pauvres, s'épanouissent dans ce champ l
la sainte charité, semblables à tout ce qu'il
duit de plus robuste et de plus beau. Grand
que resterait-il aux pauvres s'ils n'avaient p
cela, et que ne demanderaient-ils pas à la
si tout cela venait à disparaître!

Or, tout cela, c'est le fruit exclusif de l
gile, et si l'on veut y songer, on comprent
paroles de l'Apôtre des Nations, que l'Église
peuple le jour même de la fête de saint Vin
Paul : Si l'Évangile que nous prêchons est
couvert d'un voile, c'est pour ceux qui v
périr. (II. *Cor.* IV.)

FIN.

Le Mans. — Imp. de Julien, Lanier et Cᵉ.

lle
lla
pi-
rs
lle
po-
à !
uit
lté

m-
es
ui
lle
RE
NT